baba - училище	2
baba - пътуване	5
dadadada - транспорт	8
dadaba - град	10
dada - пейзаж	14
nom nom! - ресторант	17
dada nom nom - супермаркет	20
dadababa - напитки	22
nom nom! - ядене	23
dadaba - селски двор	27
dadaba - къща	31
dadadada - всекидневна	33
bababa - кухня	35
bababa - баня	38
meina - детска стая	42
baba - облекло	44
baba - офис	49
badada - икономика	51
ba - професии	53
dada - инструменти	56
bababa - музикални инструменти	57
bababa - зоологическа градина	59
ba - спорт	62
dadadada - дейности	63
dadababa - семейство	67
dadababa - тяло	68
aua! - болница	72
aua! - спешен случай	76
dada - Земя	77
dada - часовник	79
babadada - седмица	80
dadaba - година	81
dadababa - форми	83
dadababa - цветове	84
dadadada - противоположности	85
dadaba - числа	88
dadadada - езици	90
da / da / da - кой / какво / как	91
babababa - къде	92

AF284848

Impressum
Verlag: BABADADA GmbH, Nedderfeld 112 , 22529 Hamburg
Geschäftsführer / Verlagsleitung: Harald Hof
Druck: Books on Demand GmbH, In de Tarpen 42, 22848 Norderstedt

Imprint
Publisher: BABADADA GmbH, Nedderfeld 112 , 22529 Hamburg, Germany
Managing Director / Publishing direction: Harald Hof
Print: Books on Demand GmbH, In de Tarpen 42, 22848 Norderstedt, Germany

baba

училище

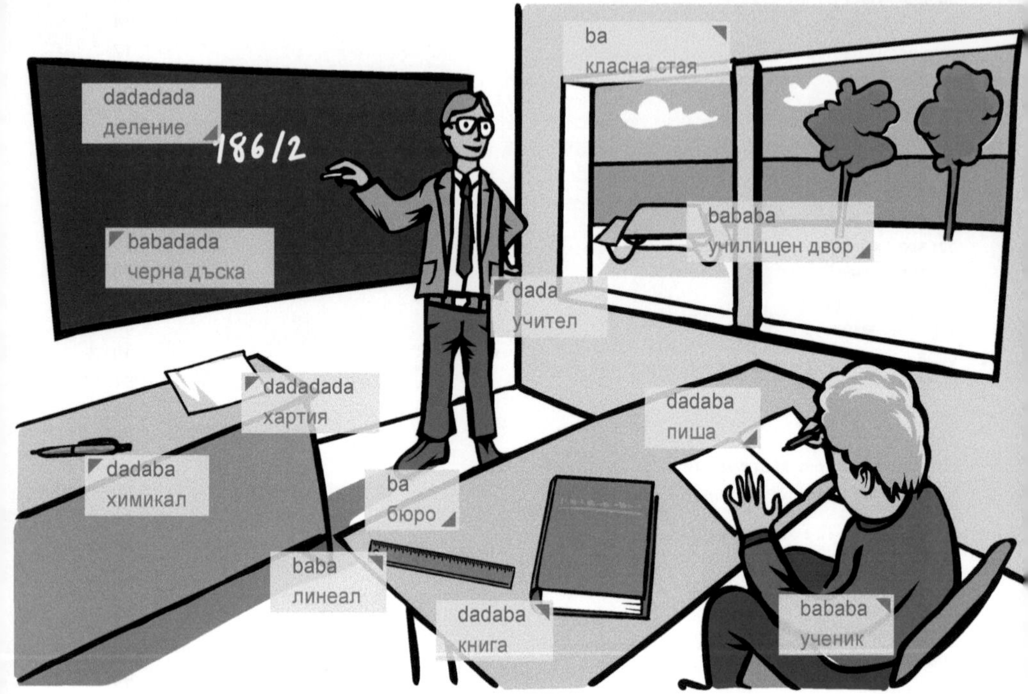

ba
класна стая
dadadada
деление
186/2
bababa
училищен двор
babadada
черна дъска
dada
учител
dadadada
хартия
dadaba
пиша
dadaba
химикал
ba
бюро
baba
линеал
dadaba
книга
bababa
ученик

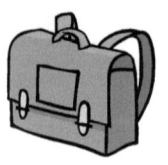

dadaba

ученическа раница

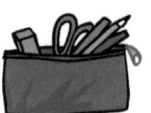

dada

ученически несесер

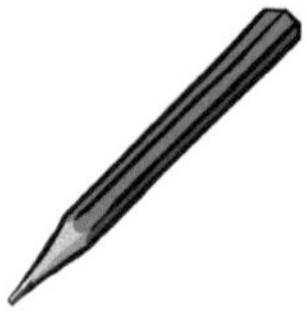

bababa

молив

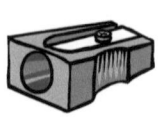

dadaba

острилка за моливи

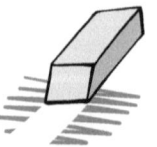

baba

гума

ba

блок за рисуване

bababa

·······················

рисунка

ba

·······················

четка

dada

·······················

акварелни бои

babadada

·······················

ножица

dadaba

·······················

лепило

dadadada

·······················

тетрадка за упражнения

babadada

·······················

домашна работа

bababa

·······················

число

dadaba

·······················

събиране

bababa

·······················

изваждане

badada

·······················

умножение

dadababa

·······················

смятане

babababa

·······················

буква

babababa

·······················

азбука

dada

·······················

дума

babadada

—————————

текст

dadadada

—————————

чета

dada

—————————

тебешир

babababa

—————————

час

ba

—————————

дневник на класа

baba

—————————

изпит

babababa

—————————

свидетелство

babadada

—————————

ученическа униформа

babababa

—————————

образование

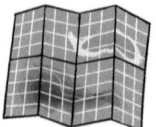

dadababa

—————————

справочник

babababa

—————————

университет

dadababa

—————————

микроскоп

bababa

—————————

карта

babadada

—————————

кошче за хартиени
отпадъци

baba

пътуване

babadada
хотел
dadaba
хостел
dadadada
обменно бюро
dada
куфар
ado
кола

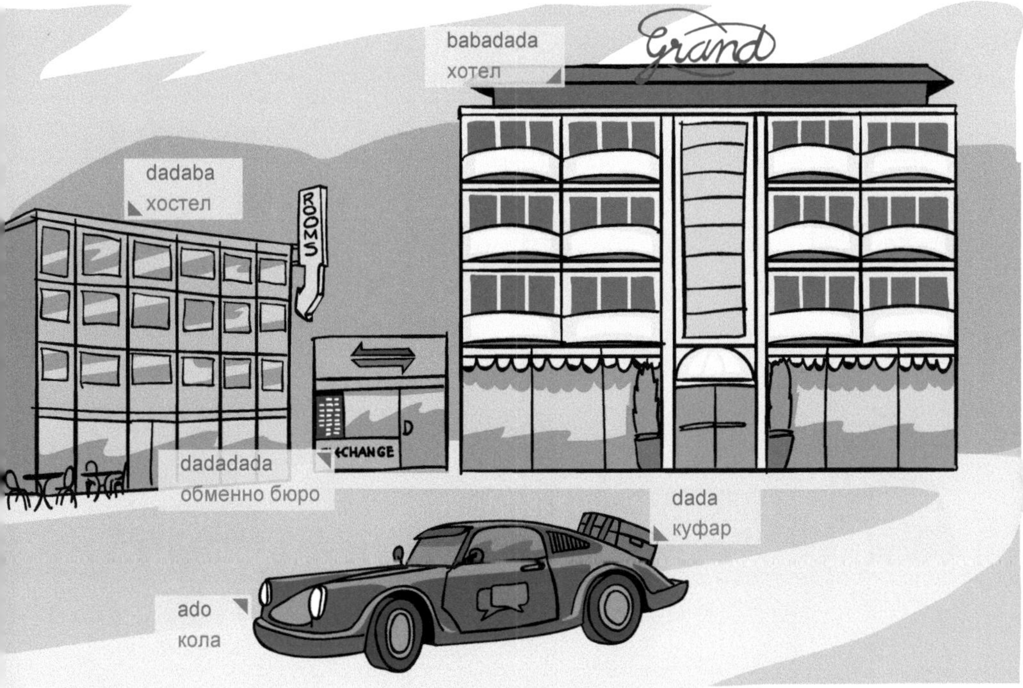

dadadada
език

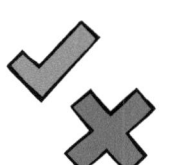

da / meh
да / не

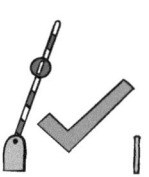

Oh
Окей

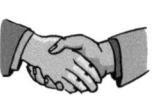

ba
здравей

dada
преводач

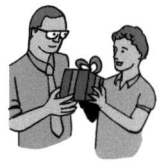

dada
Благодаря

bababab a
......
Колко струва...?

ah
......
Не разбирам

dadaba
......
проблем

ba dada
......
Добър вечер!

babadada
......
Добро утро!

heia!
......
Лека нощ!

dadaba
......
довиждане

badada
......
посока

dada
......
багаж

bababab a
......
пътна чанта

bababab a
......
раница

baba
......
посетител

dadadada
......
стая

dadadada
......
спален чувал

dada
......
палатка

dadadada
....

туристическа информация

badada
....

плаж

babadada
....

кредитна карта

dadababa
....

закуска

baba
....

обед

bababa
....

вечеря

dada
....

билет

dada
....

асансьор

babadada
....

пощенска марка

badada
....

граница

dadaba
....

митница

babadada
....

посолство

dadaba
....

виза

dada da da da
....

паспорт

dadadada

транспорт

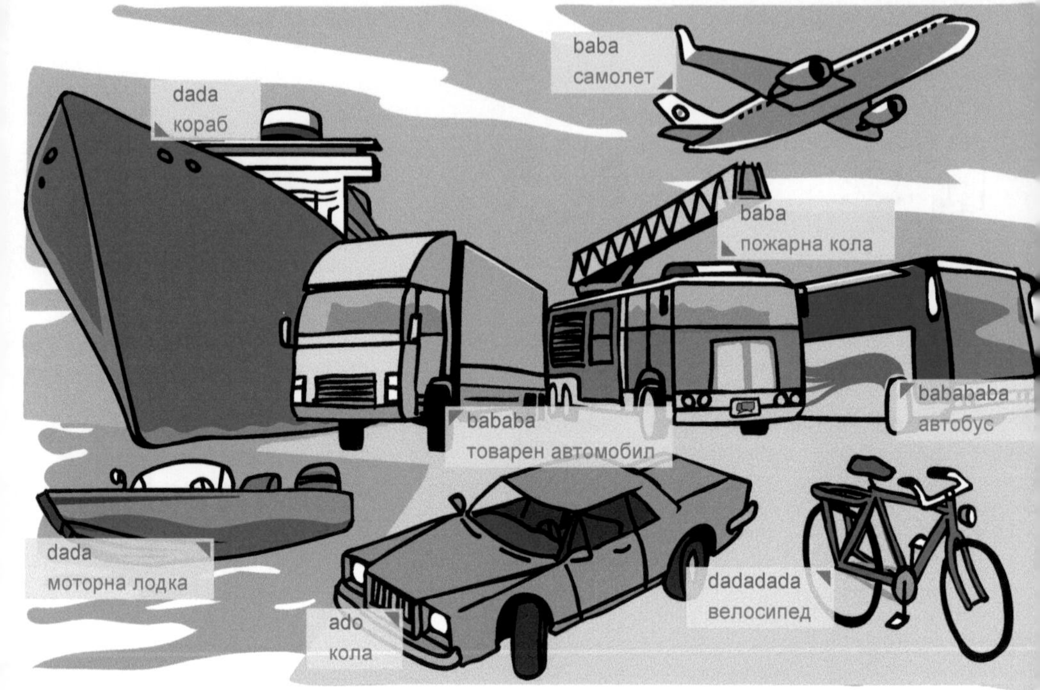
baba
самолет
dada
кораб
baba
пожарна кола
babababa
автобус
bababa
товарен автомобил
dada
моторна лодка
dadadada
велосипед
ado
кола

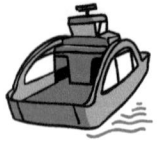

babadada

ферибот

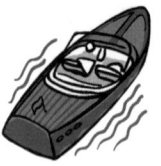

baba

лодка

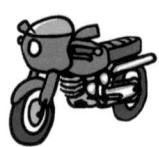

bababa

мотоциклет

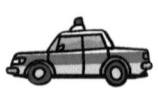

ado

полицейска кола

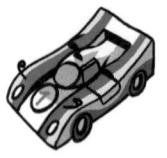

ado

състезателна кола

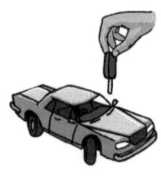

auto

кола под наем

dada

каршеринг

ado

автомобил от "Пътна помощ"

ado

сметовоз

brumbrum!

двигател

bababa

бензин

dada

бензиностанция

dadaba

пътен знак

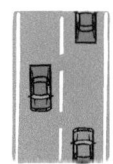

badada

улично движение

ado ado

задръстване

babadada

паркинг

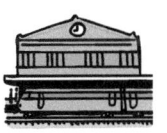

babababa

гара

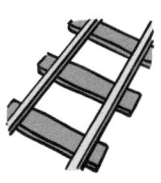

dada

релси

dadaba

влак

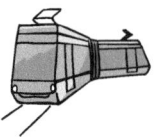

baba

трамвай

dadaba

вагон

baba

хеликоптер

baba

аерогара

dadaba

кула

baba

пасажер

badada

контейнер

dada

кашон

baba

ръчна количка

dadadada

кошница

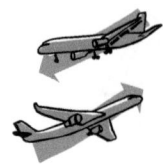

da / bada

излитам / приземявам се

dadaba

град

bababa

село

dadababa

градски център

dadaba

къща

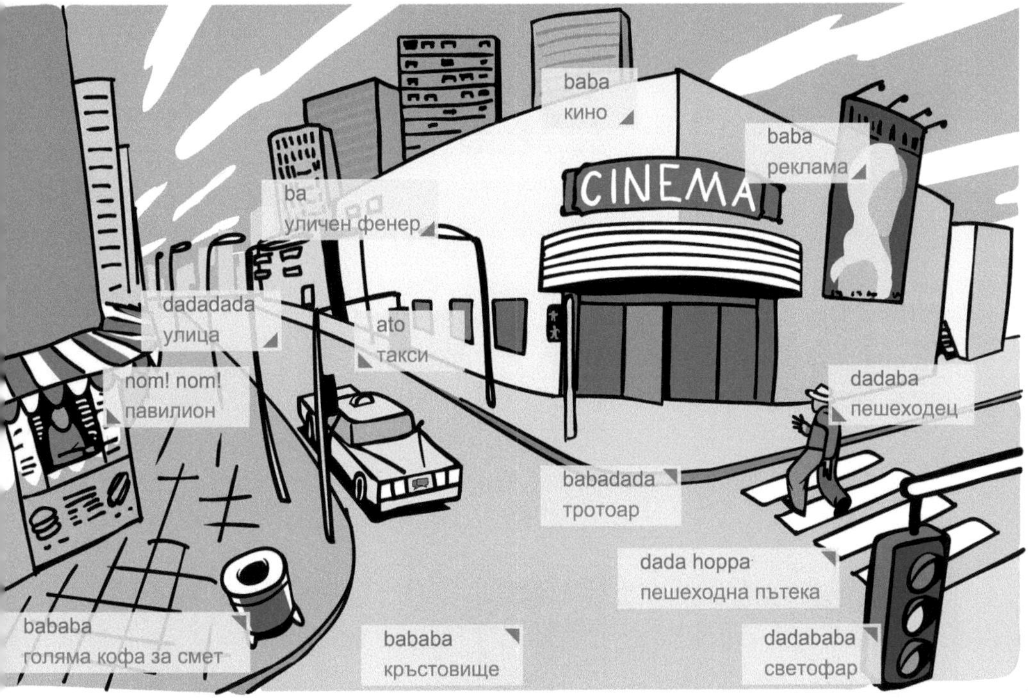
CINEMA
baba
кино
baba
реклама
ba
уличен фенер
dadadada
улица
ato
такси
nom! nom!
павилион
dadaba
пешеходец
babadada
тротоар
dada hoppa
пешеходна пътека
bababa
голяма кофа за смет
bababa
кръстовище
dadababa
светофар

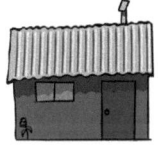

babadada

хижа

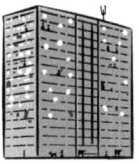

dadadada

жилище

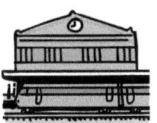

babababa

гара

dadaba

кметство

MUSEUM

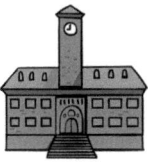

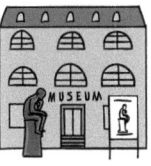

bababa

музей

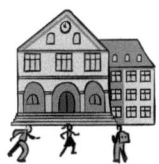

baba

училище

babababa

университет

dadadada

банка

aua!

болница

babadada

хотел

aua!

аптека

baba

офис

bababa

книжарница

ba

магазин за цветя

dadaba

магазин за цветя

dada nom nom

супермаркет

dadadada

пазар

dadadada

универсален магазин

nom! nom!

търговец на риба

baba

търговски център

ba

пристанище

dadadada

парк

baba

пейка

babababa

мост

dadadada

стълба

bababa

метро

baba

тунел

ba

автобусна спирка

babababa

бар

nom nom!

ресторант

dadaba

пощенска кутия

dada

улична табелка

baba

часовник за паркинг
престой

bababa

зоологическа градина

dada

плувен басейн

baba

джамия

dadaba

селски двор

dadababa

замърсяване на околната среда

bababa

гробище

ba

църква

dadababa

детска площадка

bababa

храм

dada

пейзаж

baba
листо

baba
пътепоказател

dada
път

bababa
ливада

baba
камък

dada
пътешественик

dadababa
дърво

bababa
река

dada
трева

mama!
цвете

badada

долина

bababa

планина

dadadada

море

dadadada

гора

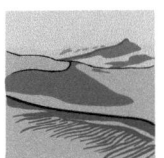

dadababa

пустиня

dadaba

вулкан

bababababa

замък

dadaba

дъга

bababa

гъба

dadababa

палма

aua!

комар

badada

муха

dadababa

мравка

summ summ

пчела

dada

паяк

dadaba

бръмбар

quak

жаба

dadababa

катеричка

dadaba

таралеж

baba

заек

gackgack

кукумявка

gackgack

птица

gackgack

лебед

babadada

диво прасе

dadadada

елен

dadadada

лос

dadadada

бент

ba

вятърна турбина

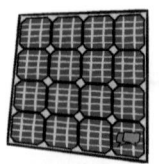

dadadada

соларен модул

bababa

климат

dadadada
келнер

baba
меню

dadaba
стол

nom! nom!
супа

nom nom!
пица

bababa
покривка за маса

ba
прибори за хранене

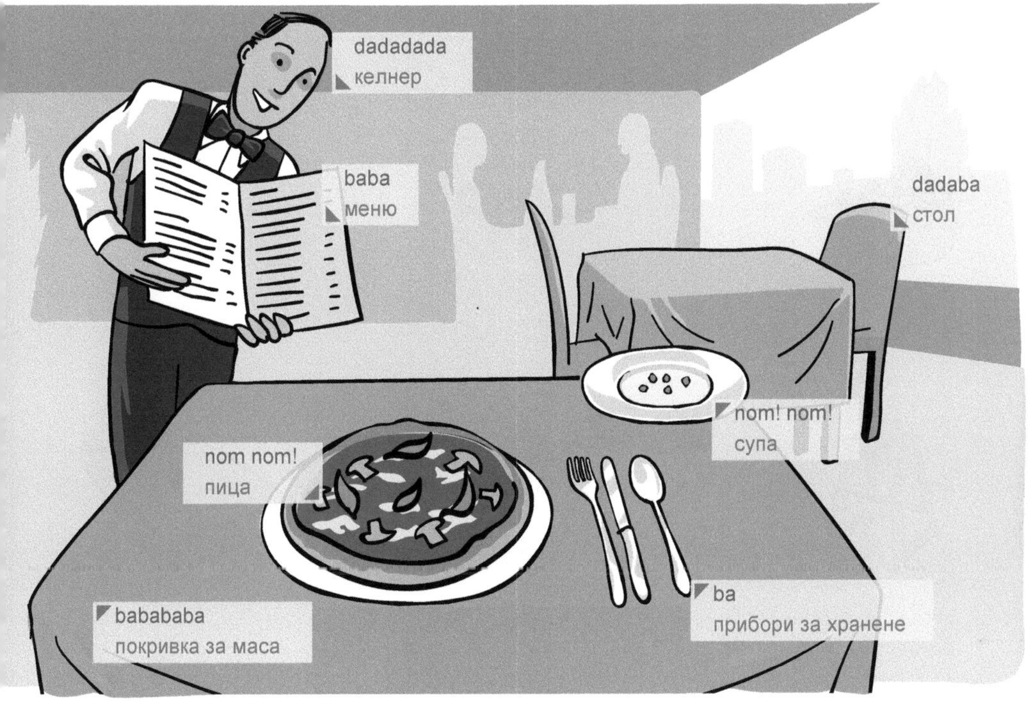

nom! nom!

предястие

nom! nom!

основно ястие

nom nom!

десерт

dadababa

напитки

nom nom!

ядене

nom nom!

бутилка

nom! nom!

бързо хранене

nom! nom!

улична храна

babababa

кана за чай

nom! nom!

кутия за захар

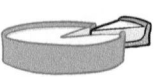

nom nom!

порция

dadaba

еспресо машина

bababa

висок детски стол

ba

сметка

bababa

табла

ba

ножица за нокти

babadada

вилица

dadaba

лъжица

bababa

чаена лъжичка

dadaba

салфетка

ba

стъклена чаша

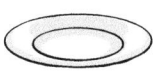

nom nom!

чиния

bababa

чиния за супа

bababa

чинийка

nom! nom!

сос

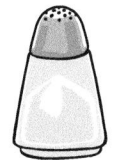

dadadada

солница

dadaba

мелничка за черен пипер

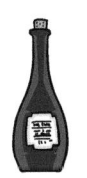

bähbäh

оцет

dadababa

олио

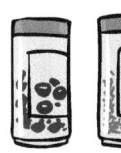

dadababa

подправки

nom! nom!

кетчуп

nom! nom!

горчица

nom nom!

майонеза

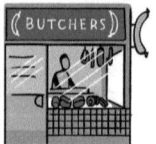

dada nom nom

супермаркет

dadaba
клaница

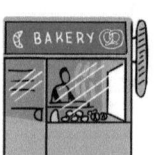

nom! nom!
хлебарница

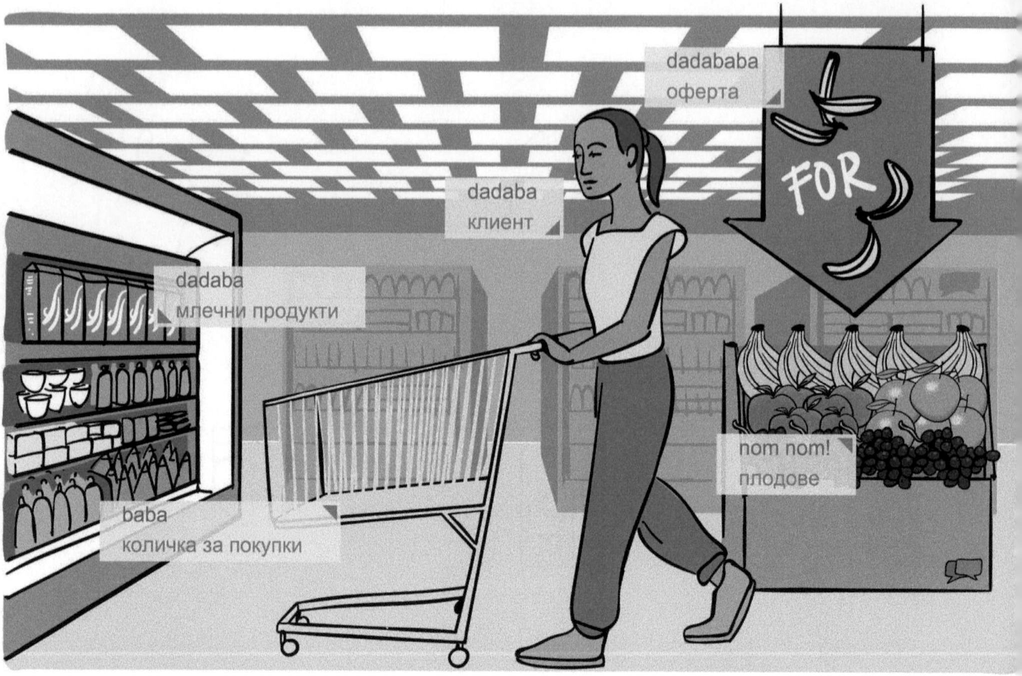

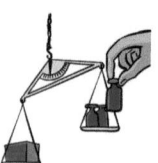

bababa
тегля

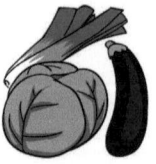

bähbäh
зеленчуци

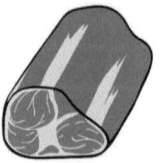

nom nom!
месо

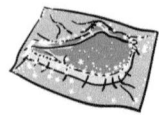

nomnom
дълбоко замразена храна

nom nom!

нарязан колбас или сирене

nomnom

консерви

bababa

перилен препарат

baba

лакомства

dadaba

домакински изделия

dadababa

почистващи препарати

bababa

продавачка

bababa

каса

dadaba

касиер

dada

списък на покупките

dadababa

работно време

baba

портфейл

babadada

кредитна карта

dadababa

чанта

dadababa

пластмасова торба

wasa

вода

dadadada

сок

badada

мляко

ba

кола

bababa

вино

dadadada

бира

dadaba

алкохол

bababa

какао

dadababa

чай

dada

кафе машина

dadaba

еспресо

dadababa

капучино

nane

банан

nom nom!

ябълка

bababa

портокал

nom nom!

пъпеш

nom nom!

лимон

bähbäh

морков

bada meh

чесън

dadaba

бамбук

dadaba

лук

nom nom!

гъба

nom nom!

ядки

nom nom!

макарони

nom nom!
....
спагети

nom nom!
....
ориз

nom nom!
....
салата

nom nom!
....
пържени картофи

nom nom!
....
печени картофи

nom nom!
....
пица

nom nom!
....
хамбургер

nom nom!
....
сандвич

nom nom!
....
шницел

nom nom!
....
шунка

nom nom!
....
траен колбас

nom nom!
....
салам

gack gack
....
пиле

nom nom!
....
печено

nom nom!
....
риба

nom nom! - ядене

nom nom!

овесени ядки

bähbäh

мюсли

nom nom!

корнфлейкс

nom nom!

брашно

nom nom!

кроасан

babadada

хлебчета

nom! nom!

хляб

nom nom!

препечена филийка

nom nom!

бисквити

nom nom!

масло

nom nom!

извара

nom nom

сладкиш

dadaba

яйце

nom nom!

яйца на очи

bada muh

сирене

nom nom!

сладолед

nom nom!

захар

baba summ

мед

nom nom!

мармалад

nom nom!

нуга крем

babadada

къри

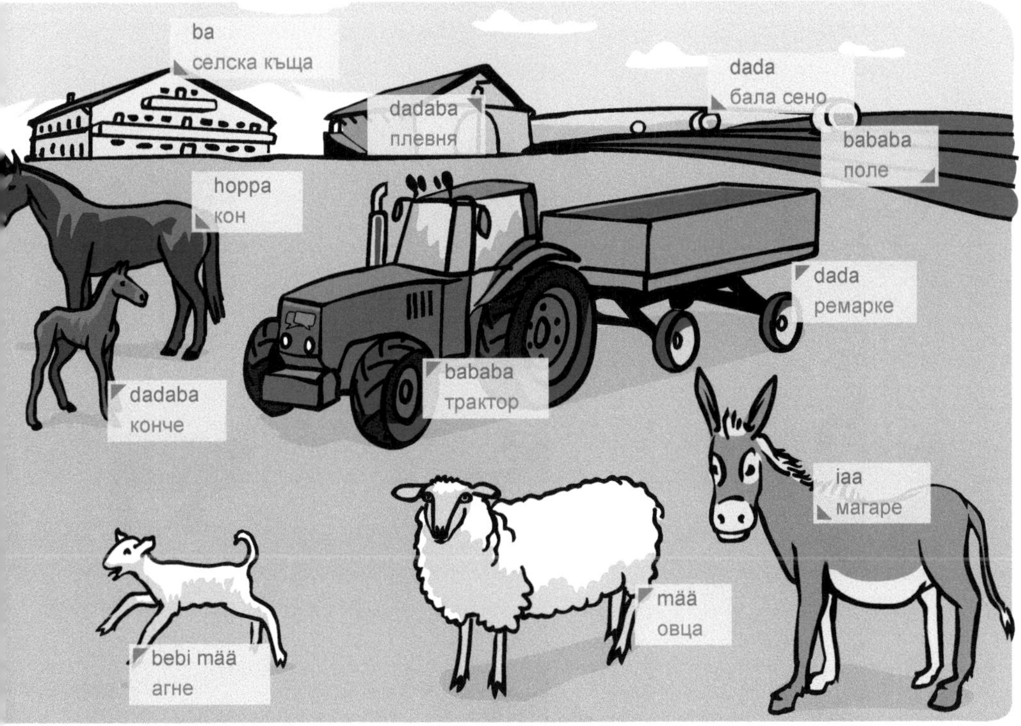

ba
селска къща

dada
бала сено

dadaba
плевня

bababa
поле

hoppa
кон

dada
ремарке

dadaba
конче

bababa
трактор

jaa
магаре

bebi mää
агне

mää
овца

baba

коза

muh

крава

mimuh

теле

mama oink

свиня

oink

прасенце

dadadada

бик

gackgack

гъска

gackquack

патица

gacki

пиленце

gackgack

кокошка

gacko

петел

dada

плъх

mau

котка

bababa

мишка

muh

вол

wauwau

куче

wauwau

кучешка колиба

baba

градински маркуч

dadababa

лейка

baba

коса

dadababa

плуг

dadaba - селски двор

baba

сърп

dadadada

мотика

dada

вила за тор

bababa

брадва

babababa

ръчна количка

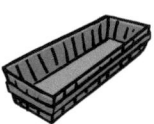

baba

корито

dada muh

съд за мляко

dadababa

чувал

badada

ограда

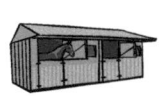

dadadada

обор

ba

парник

babadada

земя

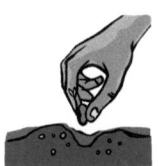

baba

сеитба

baba

тор

dadababa

комбайн

bababa

жъна

dadadada

реколта

dadaba

ямс

dadababa

жито

dadababa

соя

bababa

картоф

badada

царевица

bababa

рапица

bababa

овощно дърво

dadadada

маниока

dadababa

зърнени храни

dadaba
къща

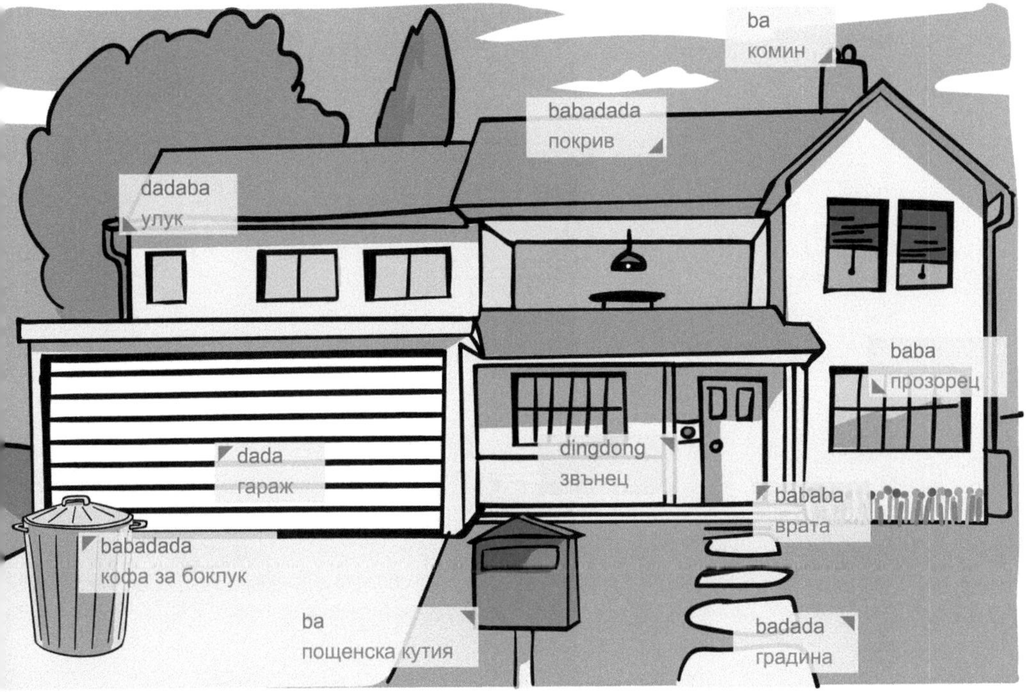
ba
комин
babadada
покрив
dadaba
улук
baba
прозорец
dingdong
звънец
dada
гараж
bababa
врата
babadada
кофа за боклук
ba
пощенска кутия
badada
градина

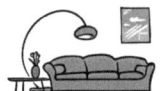

dadadada

всекидневна

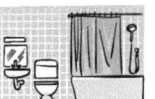

bababa

баня

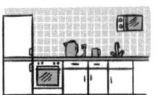

bababa

кухня

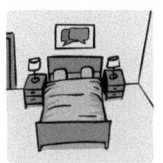

dadababa

спалня

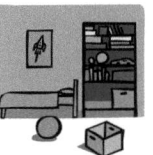

meina

детска стая

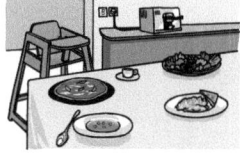

dadaba

трапезария

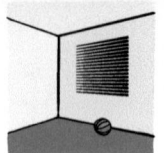

badada

под

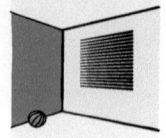

dadababa

стена

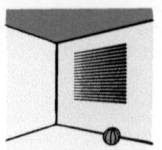

babababa

таван

dada

изба

dadababa

сауна

babababa

балкон

dadadada

тераса

bababa

плувен басейн

baba

косачка

dadaba

спално бельо

babadada

покривка за легло

heia!

легло

dada

метла

dadaba

кофа

dadababa

електрически ключ

dadadada

всекидневна

dadadada
тапет
badada
картина
badada
лампа
dadadada
рафт
ba
шкаф
dada gucki
телевизор
dadababa
камина
mama!
цвете
baba
възглавница
dada
канапе
dadaba
ваза
baba
дистанционно управление

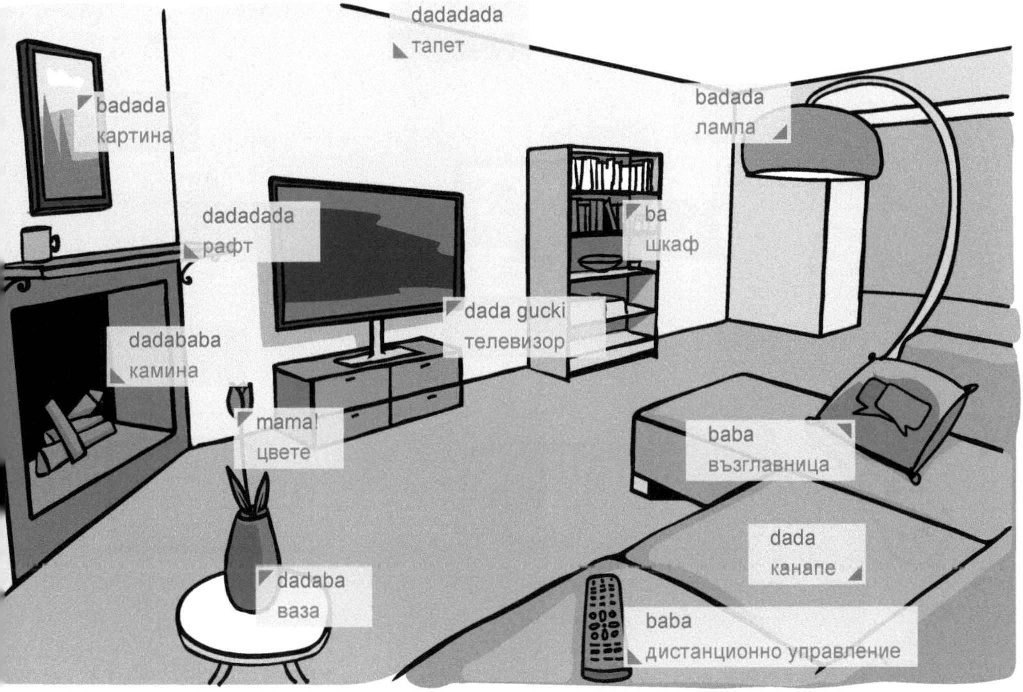

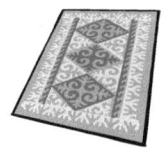

dada

килим

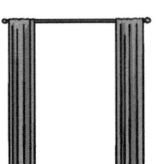

bababa

завеса

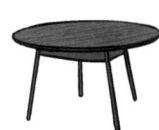

ba

маса

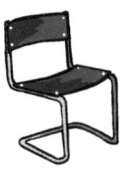

dadaba

стол

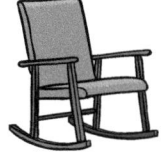

dadadada

люлеещ се стол

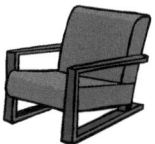

bababa

кресло

dadaba

книга

dadadada

одеяло

dadaba

декорация

ba

дърва за отопление

dadadada

филм

lala

стерео уредба

babadada

ключ

dadadada

вестник

dadadada

живопис

bababa

постер

lala

радио

dadababa

бележник

babadada

прахосмукачка

aua!

кактус

babadada

свещ

bababa
кухня

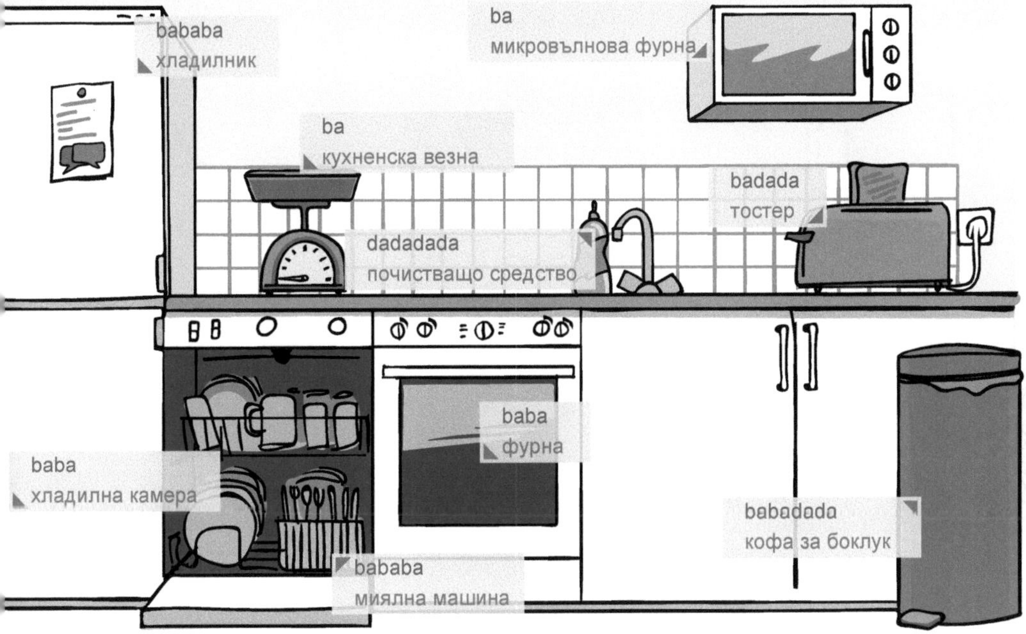

bababa
хладилник
ba
микровълнова фурна
ba
кухненска везна
badada
тостер
dadadada
почистващо средство
baba
фурна
baba
хладилна камера
babadada
кофа за боклук
bababa
миялна машина

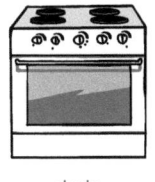

dada

готварска печка

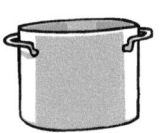

dada

тенджера

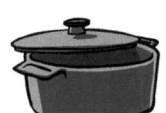

dada

желязна тенджера

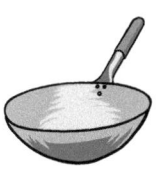

baba / dada

уок / кадаи

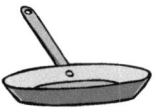

badada

тиган

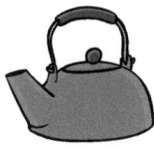

ba

кана за затопляне на вода

dadababa

уред за готвене на пара

bababa

тава за печене

dadaba

съдове

dadadada

чаша

dadaba

купа

baba

клечки за хранене

dadaba

черпак

dadadada

лопатка за тиган

badada

тел за разбиване (на яйца, белтъци)

dada

кошница за варене

bababa

гевгир

baba

ренде

dadababa

хаван

dada

барбекю

aua!

огнище

dadababa

дъска

babababa

точилка

dadababa

тирбушон

dadadada

кутия

bababa

отварачка за консерви

dadababa

кухненска ръкохватка

dadadada

мивка

dadababa

четка

ba

гъба

aua!

миксер

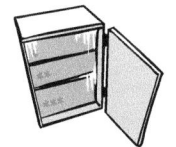

babadada

фризер

bababa

бебешко шише

dadadada

воден кран

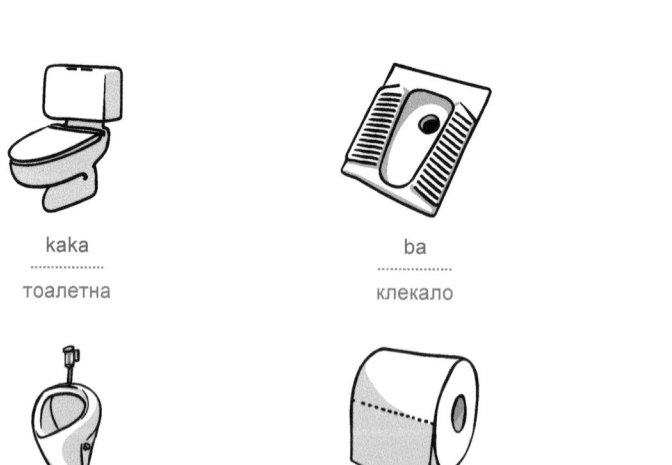

bababa

баня

bababa
душ
babadada
отопление
ba
хавлиена кърпа
babababa
завеса за баня
wasa
шампоан за вана
baba
вана
ba
стъклена чаша
baba
перална машина
dadadada
воден кран
badada
плочки
kaka
гърне
dadadada
мивка

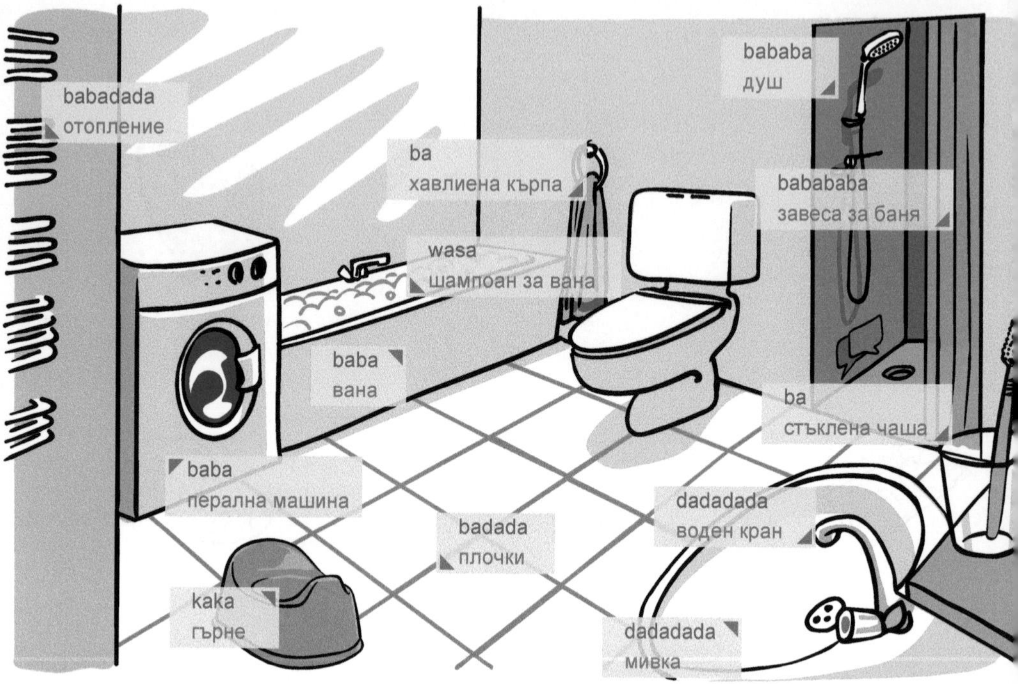

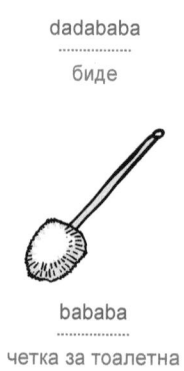

kaka

....

тоалетна

ba

....

клекало

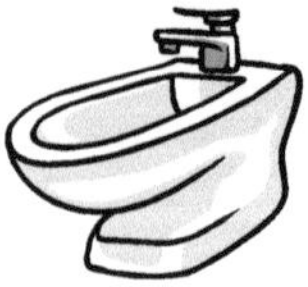

dadababa

....

биде

dadababa

....

писоар

kaka

....

тоалетна хартия

bababa

....

четка за тоалетна

bababa

четка за зъби

nom! nom!

паста за зъби

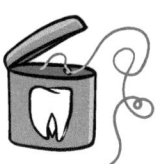

dadadada

конец за зъби

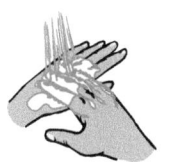

bababa

мия

bababababa

ръчен душ

dadadada

интимен душ

badada

леген

dadadada

четка за гръб

nom! nom!

сапун

nom! nom!

душ гел

nom! nom!

шампоан за вана

babadada

гъба за баня

dadaba

сифон

nom! nom!

крем

bababababa

дезодорант

dadadada

огледало

dadadada

козметично огледало

ba

ръчна самобръсначка

nom! nom!

пяна за бръснене

nam! nam!

одеколон за след
бръснене

dadababa

гребен

baba

четка

dadadada

сешоар

badada

спрей за коса

dadaba

грим

mama!

червило

ba

лак за нокти

bababa

памук

dadadada

ножица за нокти

bababa

парфюм

bababa - баня

dadadada

....

тоалетна чантичка

bababa

....

табуретка

dadadada

....

везна

ba

....

хавлия

babababa

....

домакински ръкавици

ba

....

тампон

bababa

....

дамски превръзки

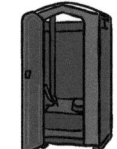

baba

....

химическа тоалетна

meina

детска стая

bababa
будилник
bababa
плюшена играчка
auto
автомобил играчка
dadadada
дрънкалка
bababa
къща за кукли
babababa
подарък

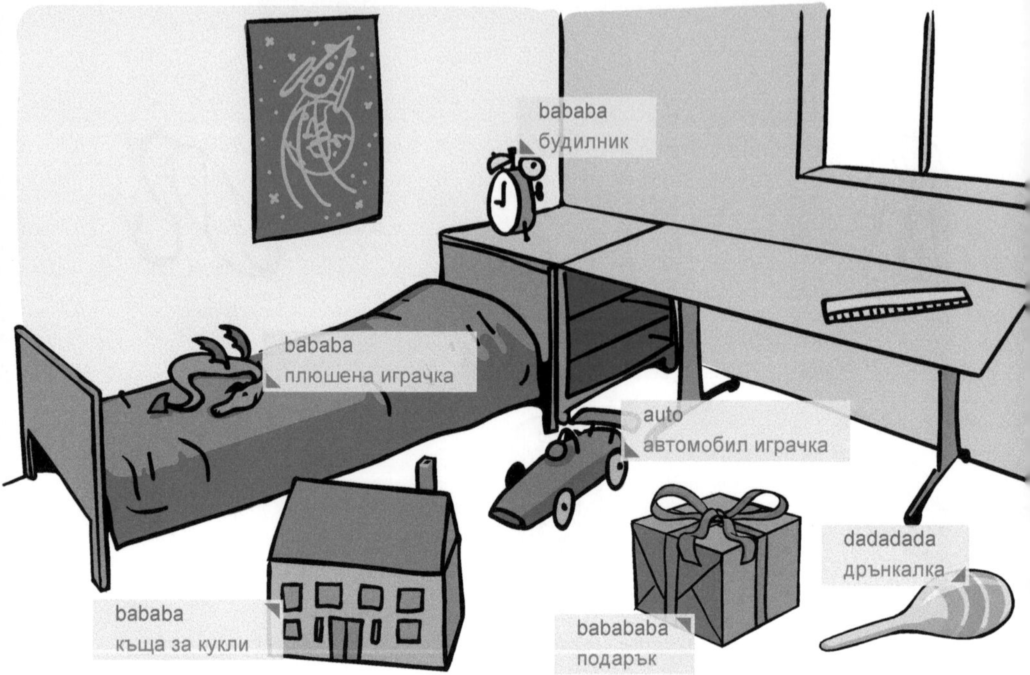

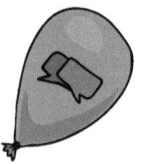

dadadada

балон

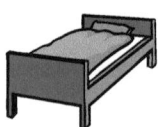

heia!

легло

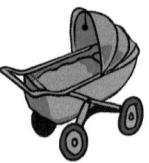

dadaba

детска количка

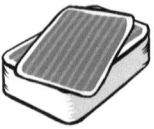

dadababa

игра на карти

bababa

пъзел

SUPER MEGA

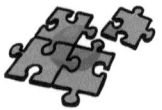

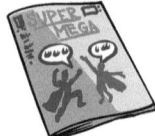

dadababa

комикс

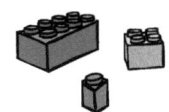

badada

лего елементи

badada

строителни елементи

dada

екшън фигурка

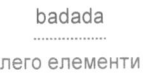

dadadada

бебешки гащеризон

dadaba

фрисби

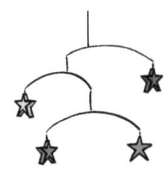

dadaba

бебешки играчки за легло

ba

настолна игра

baba

зарче

dadababa

миниатюрно влакче

lula

биберон

baba

парти

dadaba

детска книга с илюстрации

dada

топка

dada

кукла

badada

играя

dadaba

пясъчник

babababa

люлка

dadababa

играчка

dadaba

игрова конзола

babadada

велосипед с три колелета

dadababa

плюшено мече

dadaba

гардероб

baba

облекло

dadadada

къси чорапи

ba

дълги чорапи

dada

чорапогащник

bababa
шал

dadababa
колан

bababa
чадър

badada
Т-шърт

baba
ботуши

baba
пантофи

ba
гуменки

bababa
сандали

badada
обувки

dada
гумени ботуши

ba
слип

baba
сутиен

dadadada
долна блуза

badada

боди

ba

панталон

bababa

дънки

dada

пола

bababa

блуза

dadadada

риза

baba

пуловер

baba

суичър

babadada

блейзър

baba

яке

bababa

палто

dadababa

дъждобран

bababa

костюм

ba

рокля

dadaba

булчинска рокля

baba - облекло

dadadada
....
костюм

babababa
....
нощница

heia
....
пижама

baba
....
сари

dadadada
....
кърпа за глава

dada
....
тюрбан

dada
....
бурка

baba
....
кафтан

dadadada
....
абая

wasa
....
бански костюм

bababa
....
плувни шорти

dadababa
....
къс панталон

babababa
....
анцуг

baba
....
престилка

babababa
....
ръкавици

dadaba

копче

babadada

очила

dada

гривна

dadababa

верижка

babababa

пръстен

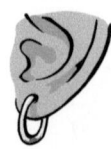

dadababa

обеца

dada

каскет

babadada

закачалка

dadababa

шапка

bababa

вратовръзка

badada

цип

dadaba

каска

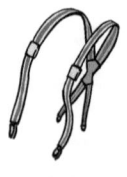

dada

тиранти

babadada

ученическа униформа

babababa

униформа

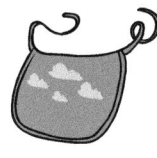

namnam

лигавник

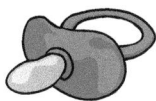

lula

биберон

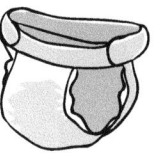

kaka!

пелена

baba

офис

dadaba
сървър
dadababa
шкаф за документи
badada
принтер
dadadada
хартия
dadadada
монитор
baba
мишка
ba
бюро
dadaba
папка
dada
клавиатура
babadada
кошче за хартиени отпадъци
dada
компютър
bababa
стол

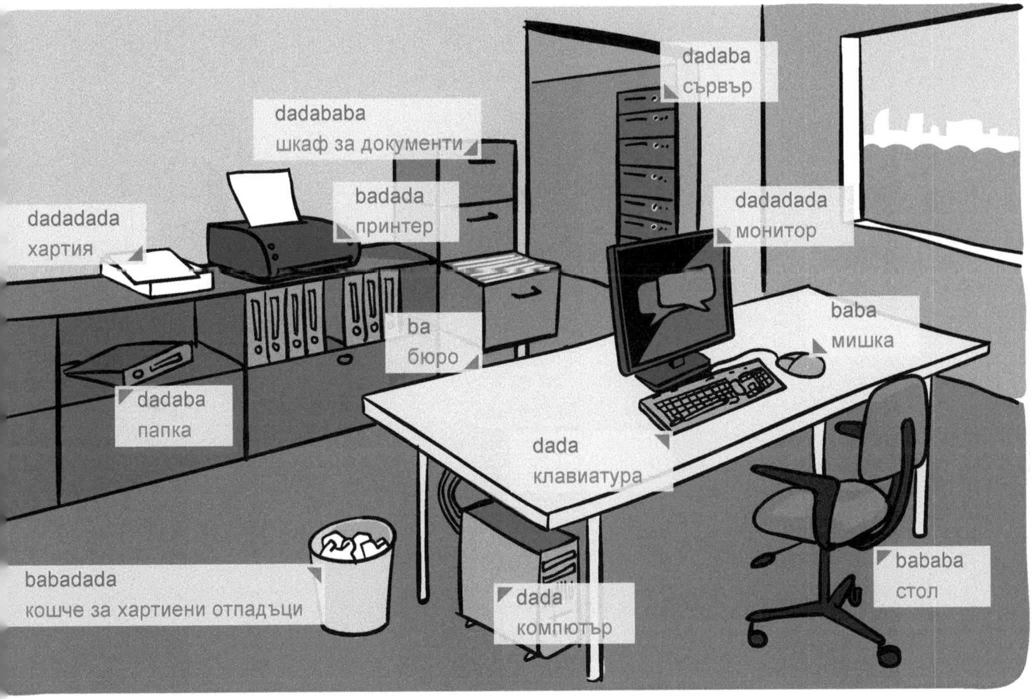

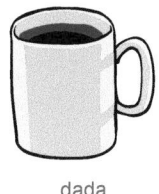

dada

чаша за кафе

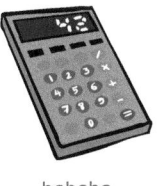

bababa

джобен калкулатор

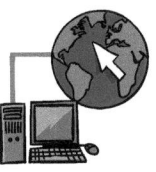

da da

интернет

papa!

лаптоп

dadababa

писмо

ba

съобщение

fon

мобилен телефон

bababa

мрежа

ba

ксерокс

bababa

софтуер

dada bing

телефон

aua!

контакт

bababa

факс

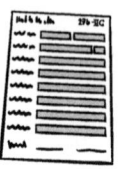

dadaba

формуляр

bababa

документ

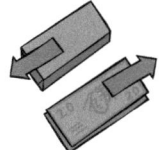

baba

купувам

dadadada

плащам

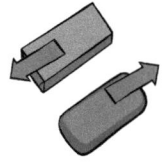

dadaba

търгувам

badada

пари

babadada

долар

dadaba

евро

bababa

йена

ba

рубла

dada

швейцарски франк

dada

ренминби юан

ba

рупия

ba

банкомат

dadadada

обменно бюро

dadadada

злато

baba

сребро

dadadada

нефт

ba

енергия

dadadada

цена

baba

договор

bababa

данък

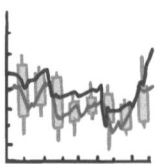

dadadada

акция

dadaba

работя

dadadada

служител

dadababa

работодател

dadaba

фабрика

ba

магазин за цветя

професии

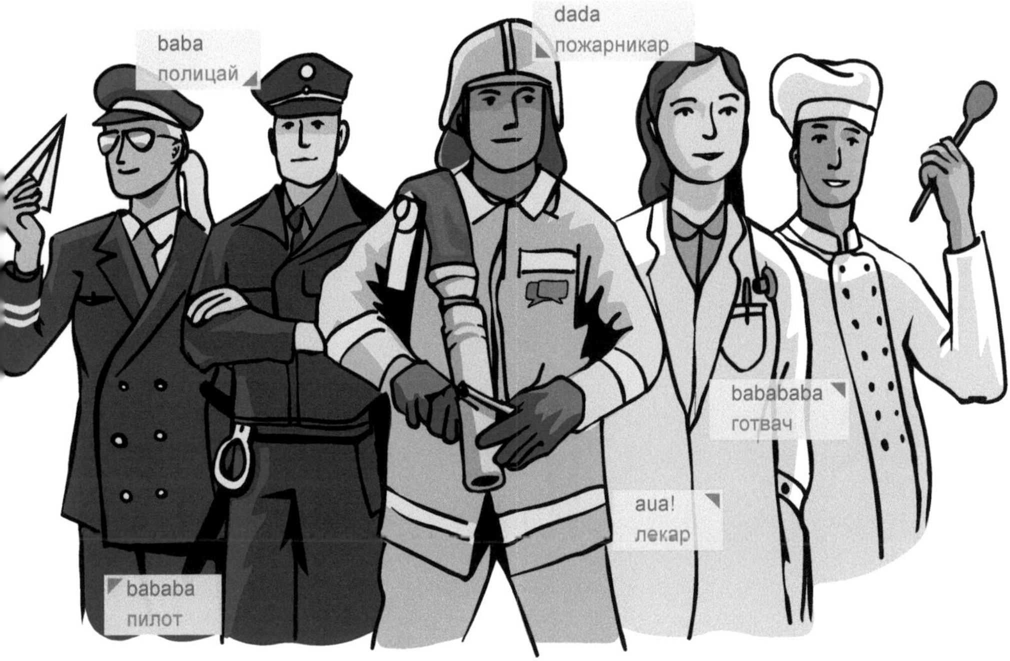
baba
полицай
dada
пожарникар
babababa
готвач
aua!
лекар
bababa
пилот

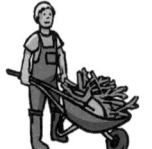

bababa

градинар

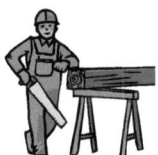

bababa

мебелист

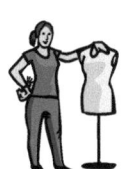

baba

шивачка

bababa

съдия

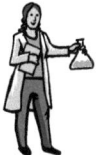

dadaba

химик

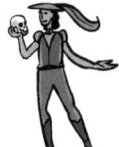

dadababa

артист

ba

шофьор на автобус

auto mann

шофьор на такси

bababa

рибар

dadadada

чистачка

dadadada

майстор на покриви

dadadada

келнер

badada

ловец

dadadada

художник

dadababa

хлебар

papa!

електротехник

babababa

строителен работник

bababa

инженер

dadababa

касапин

dadadada

тенекеджия

bababa

пощальон

dadadada

войник

ba

архитект

dadaba

касиер

babababa

цветар

babadada

фризьор

babababa

кондуктор

dadaba

механик

dada

капитан

badada

зъболекар

ba

научен работник

babababa

равин

dadaba

имàм

dada

монах

dadadada

свещеник

dada

инструменти

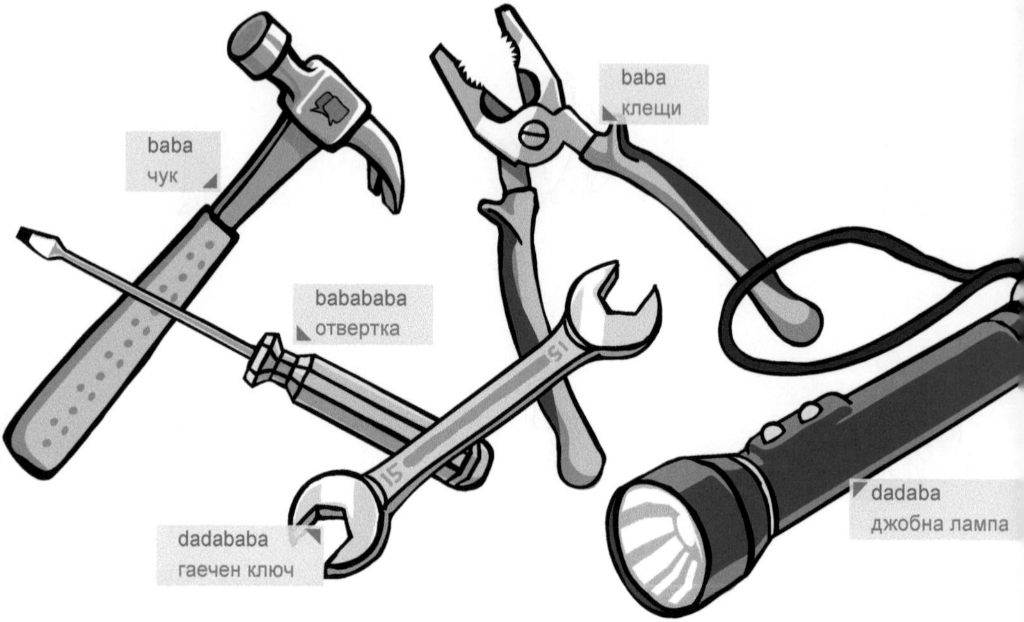

baba
клещи
baba
чук
babababa
отвертка
dadaba
джобна лампа
dadababa
гаечен ключ

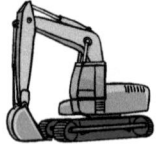

dadaba

багер

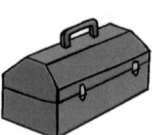

baba

кутия за инструменти

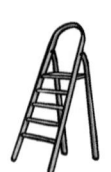

babababa

стълба

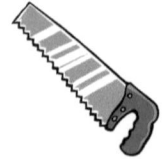

dadaba

трион

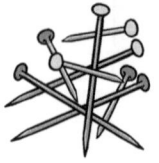

babadada

пирони

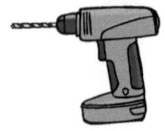

dada

бормашина

dadababa
ремонтирам

dada
лопата

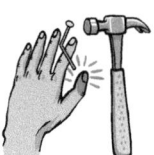

aua!
По дяволите!

dada
лопатка за смет

dadaba
кутия за боя

babababa
болтове

bababa
музикални инструменти

bungas
ударни инструменти

boom boom
високоговорител

ba
китара

dadababa
контрабас

bombede
тромпет

bingbing

пиано

bababa

виолина

ba

контрабас

badada

тимпан

bunga bunga

барабан

badada

електрическо пиано

dadababa

саксофон

dadababa

флейта

dadadada

микрофон

bababa

зоологическа градина

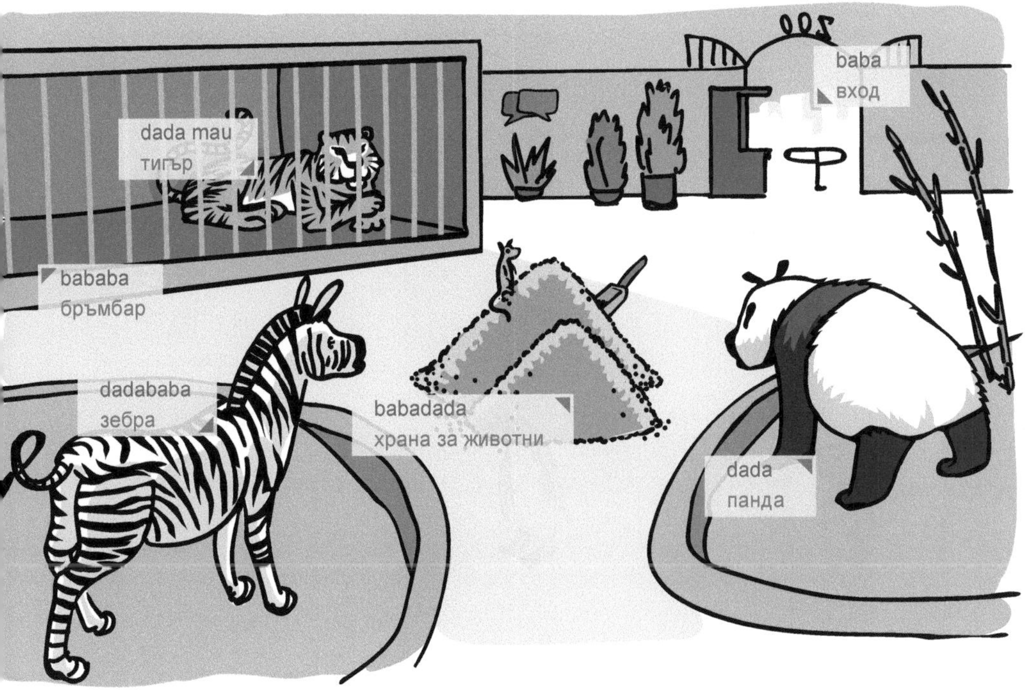

baba
вход
dada mau
тигър
bababa
бръмбар
dadababa
зебра
babadada
храна за животни
dada
панда

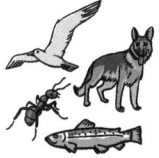

dadadada

животни

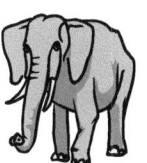

bababa

слон

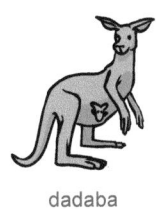

dadaba

кенгуру

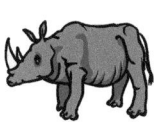

babadada

носорог

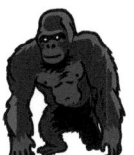

dada

горила

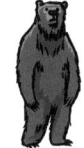

babababa

мечка

dadaba

камила

gackgack

щраус

babadada

лъв

dadaba

маймуна

gackgack

фламинго

bababa

папагал

bababa

бяла мечка

dada

пингвин

bababa

акула

dadaba

паун

badada

змия

babababa

крокодил

dadadada

пазач в зоологическа
градина

dada

тюлен

bababa

ягуар

ei!

пони

dadadada

леопард

dada

хипопотам

babababa

жираф

bababa

орел

babadada

диво прасе

nom nom!

риба

dadadada

костенурка

anje

морж

dadadada

лисица

bababa

газела

dadababa
американски футбол

dadaba
колоездене

bum bum
тенис

ball
баскетбол

badada
плуване

aua!
бокс

baba
хокей на лед

dadadada
футбол

badada
бадминтон

dadababa
лека атлетика

ball
хандбал

dadadada
ски бягане

baba
поло

dadadada
дейности

baba
смея се
dada
скачам
bababa
прегръщам
dada
вървя
dadababa
пея
dadababa
сънувам
dadadada
моля се
mama!
целувам

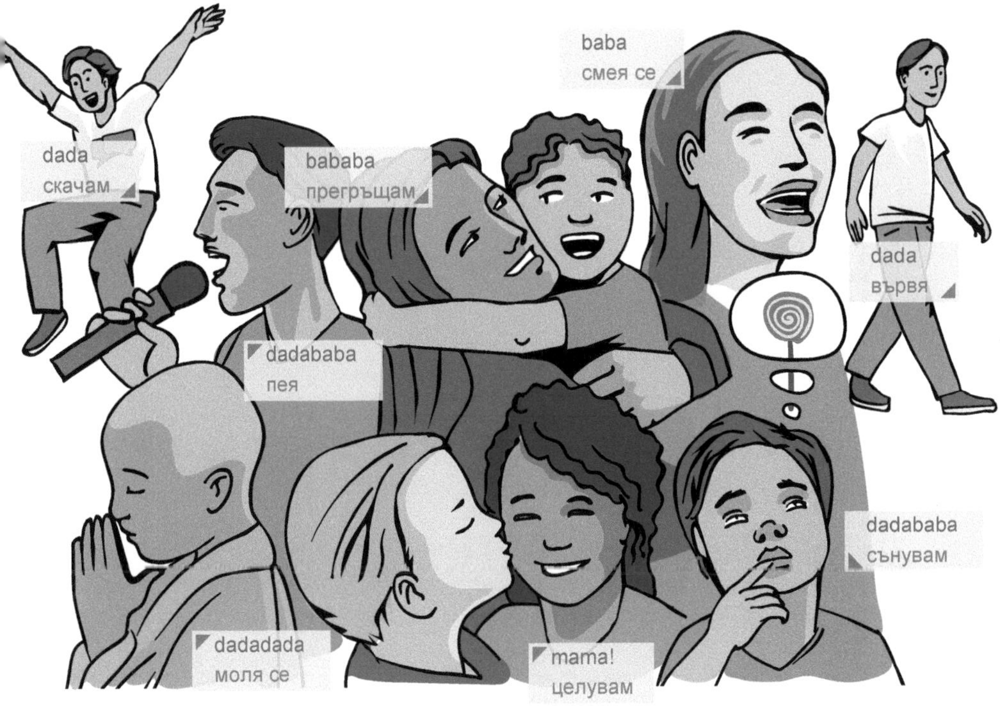

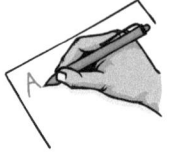

dadaba
пиша

dada
рисувам

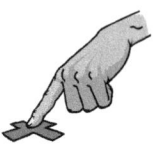

dadababa
показвам

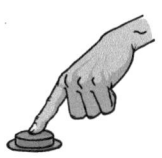

dada
бутам

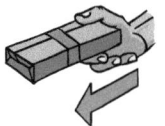

badada
давам

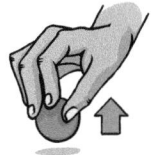

dadaba
взимам

dadaba

имам

dadadada

правя

babadada

съм

dadadada

стоя

baba

тичам

dadababa

дърпам

dadadada

хвърлям

dadaba

падам

badada

лежа

dadaba

чакам

bababa

нося

ba

седя

dadababa

обличам

heia!

спя

bababa

събуждам се

dadadada - дейности

babababa

разглеждам

baaaaaa

плача

dadadada

милвам

bababa

реша се

bababa

говоря

baba

разбирам

badada

питам

dadababa

слушам

bababa

пия

nomnom!

ям

badada

разтребвам

ba

обичам

badada

готвя

dadababa

карам автомобил

dadadada

летя

dadababa

плавам (с платна)

dadababa

смятане

dadadada

чета

dadababa

уча

dadaba

работя

baba

женя се

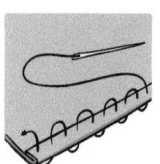

dada

шия

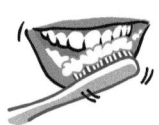

aua!

измивам си зъбите

aua!

убивам

dadababa

пуша

babababa

изпращам

oma!
баба

opa!
дядо

papa!
баща

mama!
майка

bebi
бебе

ba
дъщеря

badada
син

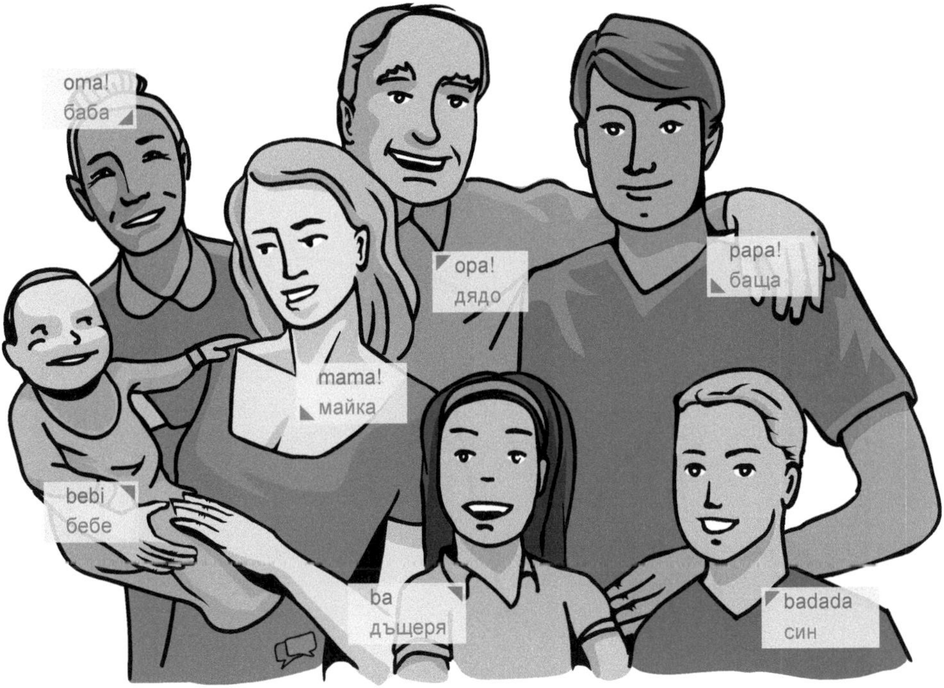

baba

посетител

ba

леля

bababa

чичо

nein!

брат

nein!

сестра

dadababa

тяло

bababa
чело
dada
око
dada
лице
dadababa
брадичка
da
гърди
dada
пръст
baba
ръка
bababa
ръка
bababa
рамо
dadaba
крак

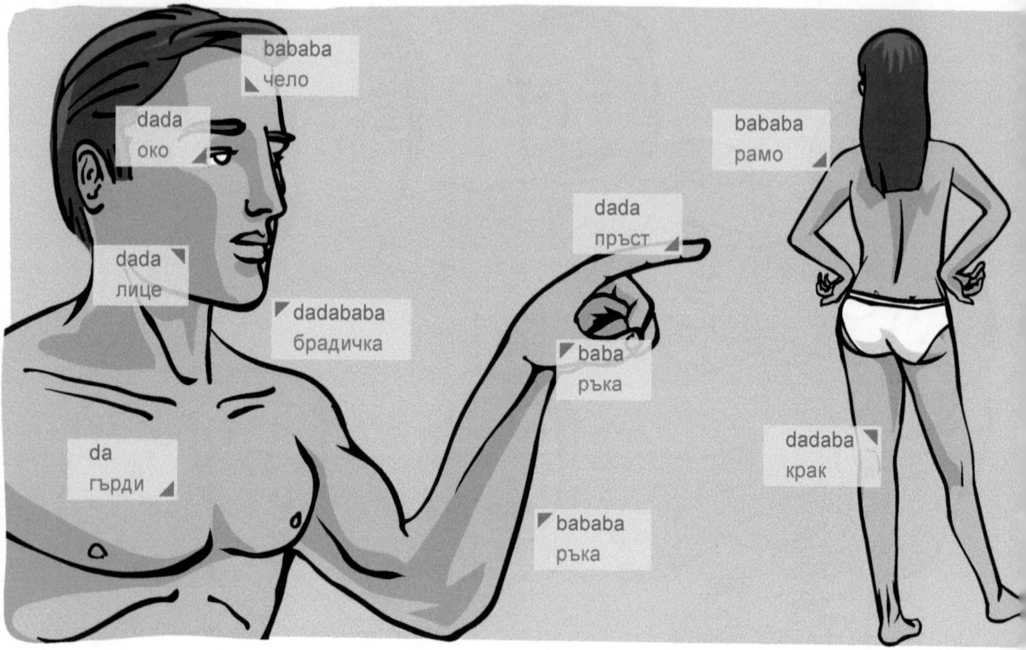

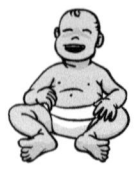

bebi
бебе

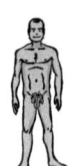

papa!
мъж

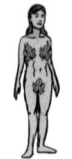

mama
жена

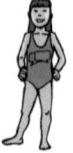

baba
момиче

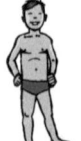

babadada
момче

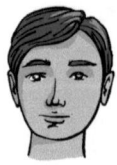

bababa
глава

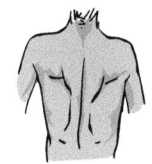

baba

гръб

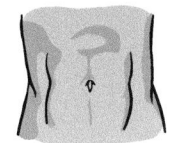

dadababa

корем

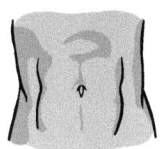

dada

пъп

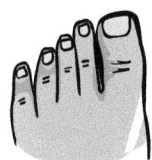

dadababa

пръст на крака

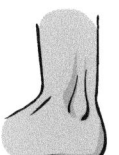

ba

пета

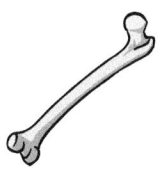

badada

кост

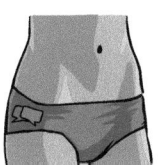

bababa

хълбок

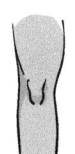

dada

коляно

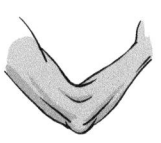

dadadada

лакът

bababa

нос

popo

седалище

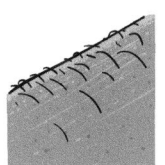

dadaba

кожа

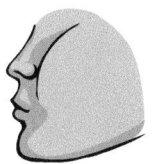

badada

буза

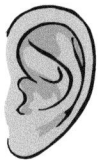

dada

ухо

babababa

устна

dadababa
уста

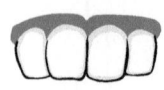

dadadada
зъб

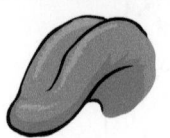

baba
език

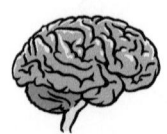

dadadada
мозък

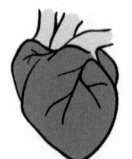

baba
сърце

dada
мускул

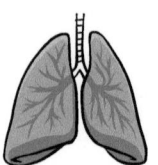

dada
бял дроб

dada
черен дроб

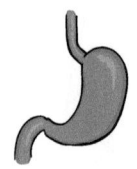

dadababa
стомах

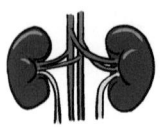

dadaba
бъбреци

babadada
полово сношение

dada
кондом

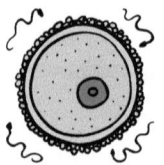

badada
яйцеклетка

dadababa
сперма

dadababa
бременност

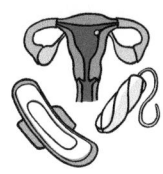

ba
менструация

mumu
вагина

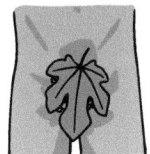

pipi
пенис

dada
вежда

dadababa
коса

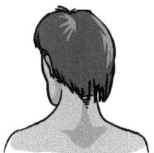

bababa
шия

aua!
болница

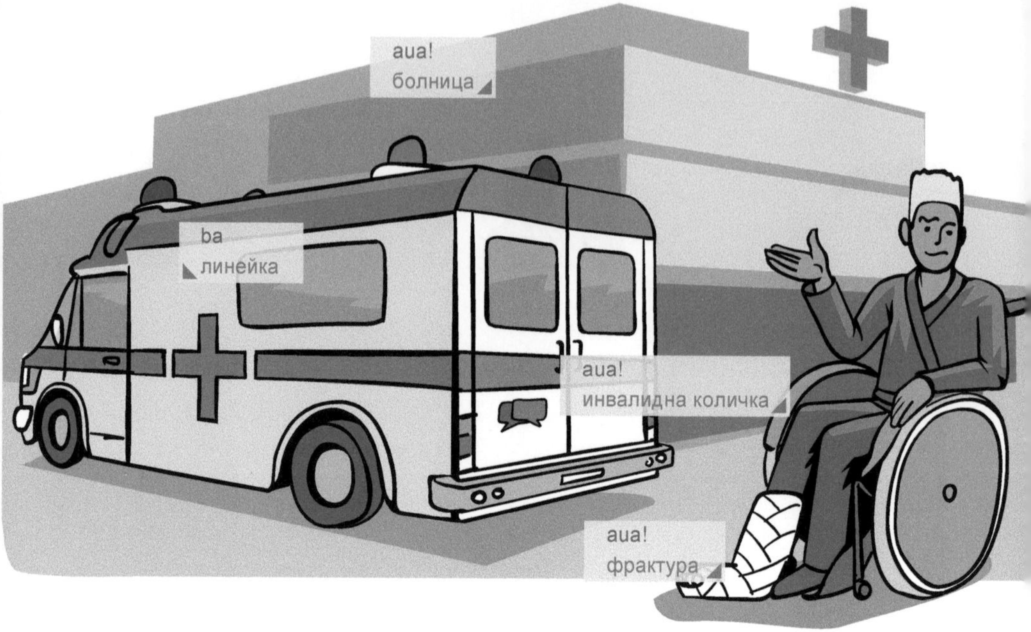

ba
линейка

aua!
инвалидна количка

aua!
фрактура

aua!

лекар

aua!

спешна хоспитализация

aua!

медицинска сестра

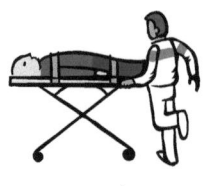

aua!

спешен случай

aua!

в безсъзнание

dadababa

болка

aua!

нараняване

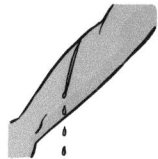

dadadada

кървене

aua!

инфаркт

aua!

инсулт

dadababa

алергия

aua!

кашлица

aua!

температура

aua!

грип

aua!

диария

aua!

главоболие

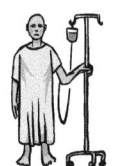

aua!

рак

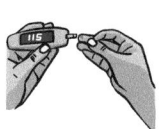

aua!

диабет

aua!

хирург

aua!

скалпел

aua!

операция

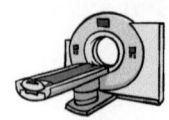

aua!

компютърна томография

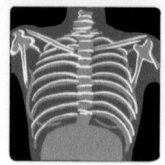

aua!

рентген

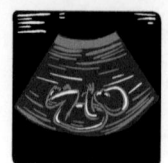

aua!

ултразвук

aua!

маска

aua!

болест

aua!

чакалня

aua!

патерица

aua!

пластир

dadababa

превръзка

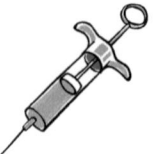

aua!

инжекция

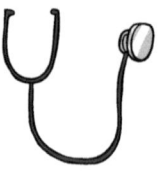

aua!

стетоскоп

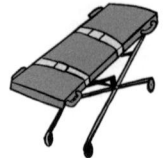

aua!

носилка

aua!

термометър

aua! bebi!

раждане

aua!

наднормено тегло

aua! - болница

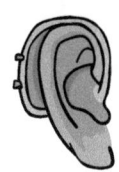

aua!

слухов апарат

aua!

дезинфекционно средство

aua!

инфекция

aua!

вирус

aua!

HIV / AIDS

aua!

медицина

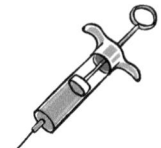

aua!

ваксинация

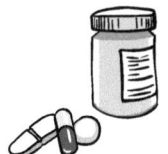

aua!

таблети

dadaba

противозачатъчна таблетка

aua!

спешно телефонно обаждане

aua!

апарат за измерване на кръвното налягане

da / ba

болен / здрав

aua!

Помощ!

aua!

сигнал за тревога

aua!

нападение

aua!

атака

aua!

опасност

dadadada

авариен изход

dadaba

Пожар!

dadaba

пожарогасител

aua! aua!

злополука

aua!

комплект за оказване на
първа помощ

baba

SOS

dadadada

полиция

badada

Европа

dadaba

Северна Америка

dadababa

Южна Америка

dadaba

Африка

dadaba

Азия

babababa

Австралия

badada

Атлантически океан

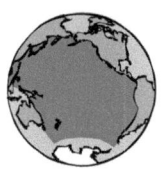

dadaba

Тихи океан

baba

Индийски океан

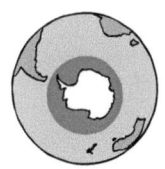

bababa

Южен ледовит океан

dadababa

Северен ледовит океан

bababa

Северен полюс

dadababa

Южен полюс

dadaba

Антарктида

dada

Земя

dadaba

суша

badada

море

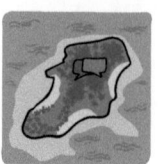

dadadada

остров

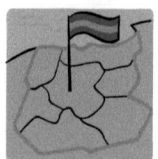

dadadada

нация

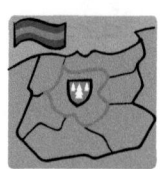

dadababa

държава

baba

циферблат

babadada

стрелка на часовете

baba

стрелка на минутите

bababa

стрелка на секундите

dadababa

Колко е часът?

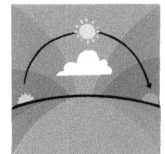

babadada

ден

dada

време

baba

сега

dadababa

дигитален часовник

dadababa

минута

bababa

час

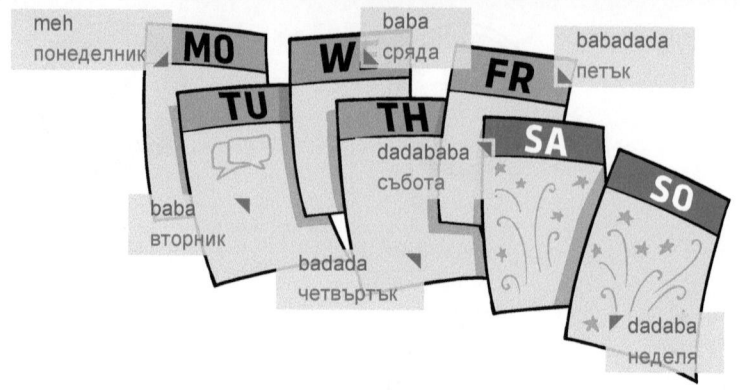

meh
понеделник

baba
сряда

babadada
петък

MO

W

FR

TU

TH

SA

dadababa
събота

SO

baba
вторник

badada
четвъртък

dadaba
неделя

dadadada

вчера

dadababa

днес

dadaba

утре

baba

сутрин

baba

обед

dadadada

вечер

MO	TU	WE	TH	FR	SA	SU
1	2	3	4	5	6	7
8	9	10	11	12	13	14
15	16	17	18	19	20	21
22	23	24	25	26	27	28
29	30	31	1	2	3	4

dada

работни дни

MO	TU	WE	TH	FR	SA	SU
1	2	3	4	5	6	7
8	9	10	11	12	13	14
15	16	17	18	19	20	21
22	23	24	25	26	27	28
29	30	31	1	2	3	4

baba

уикенд

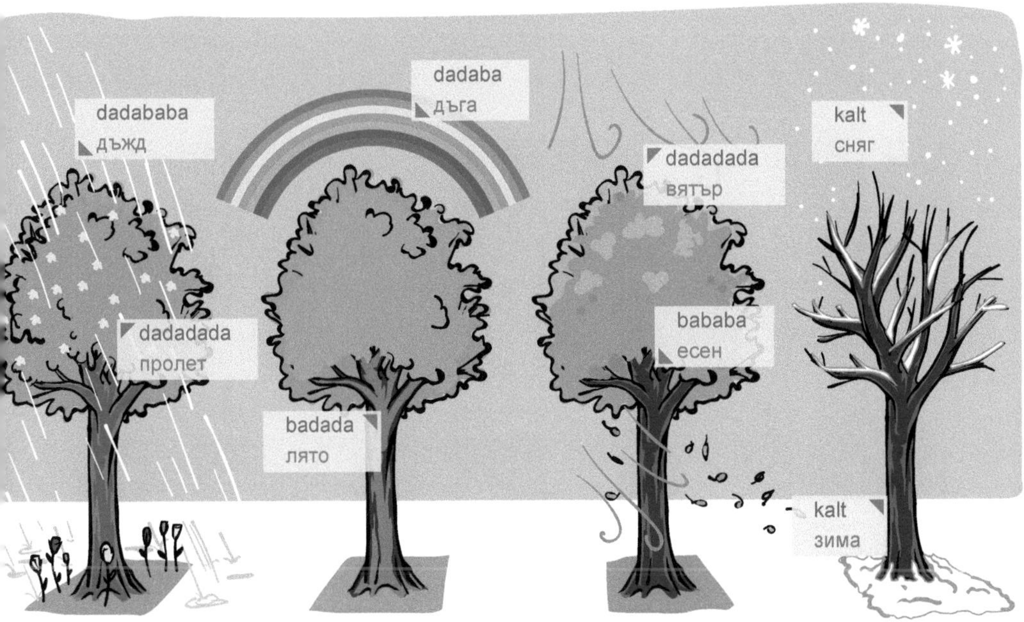

dadababa
дъжд

dadaba
дъга

dadadada
вятър

kalt
сняг

dadadada
пролет

badada
лято

bababa
есен

kalt
зима

dadababa

прогноза за времето

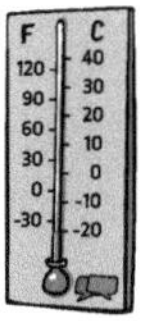

bababa

термометър

ba

слънчева светлина

baba

облак

dadadada

мъгла

dada

влажност на въздуха

dadababa

светкавица

dada

гръмотевица

badada

буря

dadababa

градушка

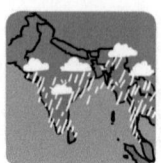

bababa

мусон

dadaba

наводнение

dadadada

лед

dadaba

януари

dadaba

февруари

bababa

март

dadadada

април

dadadada

май

babababa

юни

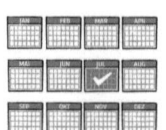

baba

юли

bababa

август

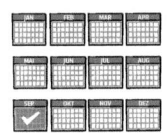

dadadada
....
септември

badada
....
октомври

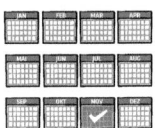

dadababa
....
ноември

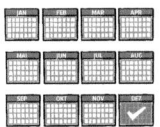

baba
....
декември

baba
....
кръг

badada
....
квадрат

dadababa
....
четириъгълник

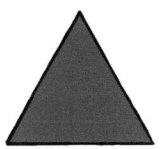

babababa
....
триъгълник

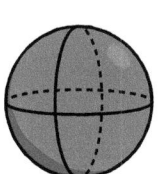

dadadada
....
сфера

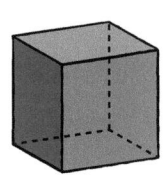

babababa
....
куб

dadababa

бял

babababa

жълт

baba

оранжев

dadadada

розов

babadada

червен

dadababa

лилав

dadadada

син

ba

зелен

baba

кафяв

bababa

сив

badada

черен

da / ba

много / малко

da / ba

ядосан / спокоен

da / ba

красив / грозен

da / ba

начало / край

da / ba

голям / малък

da / ba

светъл / тъмен

da / ba

брат / сестра

da / ba

чист / мръсен

da / bada

пълен / непълен

da / ba

ден / нощ

da / ba

мъртъв / жив

da / ba

широк / тесен

da / ba

ядлив / неядлив

da / ba

сърдит / любезен

ba / ba

развълнуван / скучаещ

da / ba

дебел / тънък

ba / ba

най-напред / най-накрая

da / bada

приятел / враг

da / ba

пълен / празен

da / ba

твърд / мек

da / ba

тежък / лек

da / bada

глад / жажда

da / ba

болен / здрав

da / ba

нелегален / легален

da / ba

интелигентен / глупав

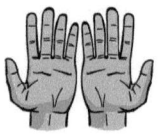

ba / ba

ляво / дясно

da / ba

близо / далече

da / bada

нов / употребяван

da / ba

нищо / нещо

ba / ba

стар / млад

da / ba

вкл. / изкл.

da / ba

отворен / затворен

da / ba

тих / силен (звук)

ba / ba

богат / беден

da / ba

правилен / погрешен

da / ba

грапав / гладък

ba / ba

тъжен / щастлив

da / ba

дълъг / къс

da / ba

бавен / бърз

da / bada

мокър / сух

da / bada

топъл / студен

da / ba

война / мир

0

dada

нула

1

a

едно

2

ba

две

3

da ba da

три

4

badabada

четири

5

dadababa

пет

6

dadaba

шест

7

badada

седем

8

dadababa

осем

9

dadaba

девет

10

dadadada

десет

11

badada

единадесет

12
baba
дванадесет

13
bababa
тринадесет

14
baba
четиринадесет

15
babadada
петнадесет

16
dadababa
шестнадесет

17
babababa
седемнадесет

18
dadababa
осемнадесет

19
bababa
деветнадесет

20
dadababa
двадесет

100
baba
сто

1.000
baba
хиляда

1.000.000
dadababa
милион

baba

английски

babadada

американски английски

dadababa

китайски мандарин

ba

хинди

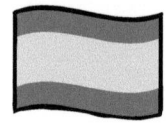

badada

испански

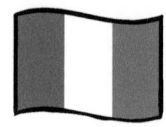

ohlala

френски

babadada

арабски

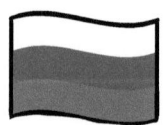

dadaba

руски

dada

португалски

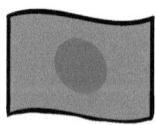

dadadada

бенгалски

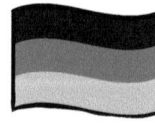

badada

немски

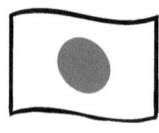

dadadada

японски

a

аз

dadadada

ти

da / da / da

той / тя / то

o ba ma

ние

babababa

вие

baba

те

dadadada

кой?

dadadada

какво?

baba

как?

babababa

къде?

babadada

кога?

dadaba

име

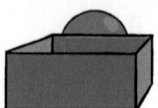

baba

зад

dadaba

в

baba

пред

ba

над

baba

върху

dadababa

под

bababab

до

ba

между

dada

място